So benutzen Sie dieses Heft

Liebe Eltern, liebe Erzieherinnen und Erzieher,

ein guter **Grundwortschatz** und die Fähigkeit, sich sicher auszudrücken, sind für die Entwicklung Ihres Kindes und seinen späteren schulischen Erfolg entscheidend.
Mit diesem Heft unterstützen Sie Ihr Kind in einer wichtigen Phase des Spracherwerbs.

Jedes der drei Kapitel

Tiere im und ums Haus   **Tiere in der Natur**   **Exotische Tiere**

bietet eine bebilderte **Geschichte** sowie **Aufgaben, Rätsel** und **Spielanregungen,** die Ihr Kind dazu animieren, die wichtigsten Wörter rund um das Thema auf spielerische Weise kennenzulernen und einzuüben.

Auf jeder Übungsseite fasst eine **Wörterliste** die in den Aufgaben verwendeten sowie weitere passende Begriffe zusammen. Diese Liste unterstützt Sie, wenn Sie mit Ihrem Kind zum jeweiligen Thema ins Gespräch kommen wollen. Sie darf jederzeit ergänzt werden.

Die einzelnen Wörter sind durch ihre Farbe einer von drei Lernstufen zugeordnet:

Rot für Lernstufe 1 (ca. 2 bis 3 Jahre)
Blau für Lernstufe 2 (ca. 3 bis 4 Jahre)
Grün für Lernstufe 3 (ca. 4 bis 6 Jahre)

Auf der letzten Seite (S. 23) finden Sie **54 Bildkärtchen zum Ausschneiden,** die auf vielfältige Weise in dem Heft zum Einsatz kommen können:

In jeder Geschichte sind fünf Tiere farbig hervorgehoben. Beim Vorlesen können die Kinder die passenden Bildkärtchen direkt ins Heft einlegen. Wer hört aufmerksam zu?

Manche Aufgaben werden durch das Einlegen oder Einkleben bestimmter Bildkärtchen gelöst; Sie finden einen Hinweis auf die benötigten Kärtchen am Seitenrand.

Beim großen **Zoospiel** (S. 20/21) kommen viele Kärtchen zum Einsatz.

Weiterführende Spielanregungen (S. 22) zeigen, wie die Kärtchen auch unabhängig vom Heft für kleine Sprachspiele eingesetzt werden können.

Bitte helfen Sie Ihrem Kind beim Ausschneiden der Kärtchen und beim Aufbewahren der vorübergehend nicht benötigten Teile.

Wir wünschen Ihnen viel Spaß beim gemeinsamen Üben, Spielen und Sprechen!

Die Dudenredaktion
Kinder- und Jugendbuch

Tiere im und ums Haus

Im Tierheim

„Ihr dürft die Tiere vorsichtig streicheln", sagt die Erzieherin Frau Müller. Sie macht heute mit der Kindergartengruppe von Marie und Zeki einen Ausflug ins Tierheim. Marie krault gerade einen Hund hinter den Ohren und Zeki hat eine Katze auf dem Arm. Der Tierpfleger Herr Hartmann erzählt ihnen, was ein Tier alles benötigt. „Jedes Tier muss täglich Futter und frisches Wasser bekommen. Auch ein eigener Platz zum Schlafen und ein wenig Spielzeug zum Beschäftigen tun den Tieren gut."
Marie und Zeki sehen sich auch kleine Meerschweinchen, Hamster und Wellensittiche an. Jedes der Tiere hat einen eigenen Käfig. Für den Hund steht ein Korb mit Spielsachen da und auch die Katze mit ihren Jungen hat einen Schlafplatz. Marie würde den Hund am liebsten gleich mit nach Hause nehmen. Bei ihnen im Garten hätte er bestimmt genug Auslauf. Doch Frau Müller meint, Marie soll lieber erst einmal ihre Mutter fragen. Aber Marie hat noch eine bessere Idee: Sie möchte morgen gleich wiederkommen und ihrer Mama den Hund zeigen.

Wen streichelt Zeki? Male das richtige Tier bunt aus.

Kennst du diese Dinge mit Namen?

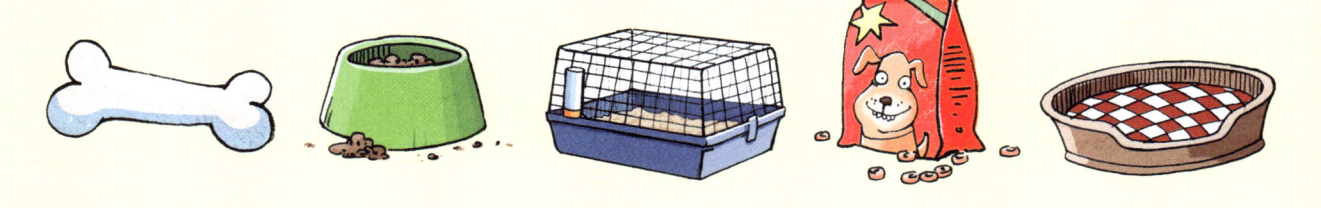

Hast du selbst ein Haustier? Oder hat jemand, den du kennst, eines?
Was ist es für ein Tier? Erzähle.

Tiere im und ums Haus

4

1. Zu welchem Tier gehört was? Suche die links abgebildeten Bildkärtchen heraus und klebe sie in die leeren Felder.

das Fell
die Flosse
der Panzer
der Schnabel

2. Hier ist etwas durcheinander geraten!
Lege jede Bildkarte in den richtigen Kasten.

Der ___ putzt sein Gefieder.   Der ___ schwimmt mit den Flossen.

Der ___ wedelt mit dem Schwanz.

---

die Katze
das Fell
die Schnurrhaare
der Katzenbuckel

der Vogel
der Wellensittich
der Schnabel
picken
die Feder
das Gefieder
putzen

der Fisch
der Goldfisch
die Flosse
schwimmen
die Kieme
atmen
die Gräte

die Schildkröte
der Panzer

der Hund
der Schwanz
wedeln
die Schnauze
die Pfote

das Haustier

3. Zeki, Ole und Marie machen ein Tierquiz. Welche Tiere stellen sie dar? Erkläre und lege die richtige Bildkarte daneben.

4. Mache selbst ein paar Tiere mit Bewegungen und Geräuschen nach. Können deine Eltern und Freunde sie erkennen?

die Fliege
fliegen
der Spatz

der Schmetterling
flattern
die Raupe
der Kokon
sich verpuppen

das Kaninchen
hoppeln

der Floh
der Grashüpfer
hüpfen

der Käfer
krabbeln

die Schnecke
kriechen
schleichen
das Schneckenhaus
die Schleimspur
schleimig

die Katze
das Kätzchen
der Kater
miauen
schnurren

der Hund
der Welpe
bellen
pinkeln
schnuppern
knurren
heulen
hecheln
schnappen

die Maus
piepsen

das Meerschweinchen
nagen

Tiere im und ums Haus

5. Marie überlegt, was ein Hund alles braucht.
Kreise ein und benenne.

6. Welche Tiere brauchen die anderen Dinge?
Was benötigen die Tiere noch und was machen sie damit? Erzähle.

die Hundeleine	die Katze	der Fisch
spazieren gehen	das Körbchen	schwimmen
der Kamm	die Streu	das Wasser
kämmen	schlafen	das Aquarium
die Bürste	der Kratzbaum	die Wasserpflanze
bürsten	sich kratzen	
das Futter	der Kletterast	der Hamster
der Fressnapf	klettern	das Hamsterrad
fressen		das Laufrad
trinken	der Vogel	laufen
der Knochen	die Schaukel	
beißen	schaukeln	
das Spielzeug	der Käfig	
spielen	das Vogelhäuschen	
	die Tränke	

7. Male dein Wunschtier. Wie sieht es aus? Beschreibe.

8. Was kannst du mit deinem Wunschtier alles erleben? Welchen Namen würdest du ihm geben? Erzähle.

der Kopf	der Flügel	groß
das Auge	die Schuppe	klein
das Ohr		lang
das Maul	rennen	kurz
der Zahn	spazieren gehen	braun
der Hals	toben	schwarz
der Bauch	füttern	gelb
das Bein	streicheln	orange
der Fuß	schmusen	gestreift
die Zehe	sich kümmern	gemustert
die Kralle	pflegen	gepunktet
die Tatze		
der Huf		zahm
		wild

Tiere in der Natur

8

Wer bin ich?

Zeki geht mit seinen Eltern und seinem Bruder Emre spazieren. Sie laufen durch einen Wald, an einem Bauernhof und großen Wiesen vorbei und machen schließlich an einem Bach Rast. Emre stupst Zeki an und fragt: „Wer bin ich?". Dabei watschelt er hin und her. „Eine Ente!", ruft Zeki und darf sich nun auch ein Tier ausdenken. Er überlegt, welche Tiere sie heute schon gesehen haben. Da fällt ihm etwas Gutes ein. Er kniet auf allen vieren und bewegt sein Kinn von links nach rechts. Es sieht so aus, als ob er genüsslich etwas kaut. „Das ist einfach", meint Emre, „du bist eine Kuh".

Jetzt möchte auch Papa ein Tier vormachen. Er geht in die Hocke und versucht zu hüpfen. Er kommt aber nicht richtig vom Fleck. „Bist du ein Eichhörnchen?", fragt Zeki stirnrunzelnd. „Nein, ich glaube, er will ein Pferd sein", überlegt Emre. Mama liegt im Gras und hält sich den Bauch vor Lachen: „Papa meint wahrscheinlich einen Frosch. Aber so schlecht, wie er hüpft, hat der Frosch bestimmt einen verstauchten Fuß."

Welches dieser Tiere kann nicht schwimmen? Streiche durch.

Welches Tier spricht hier? Rate und male es aus.

„Ich fresse am allerliebsten Gras. Von mir bekommt der Bauer seine Milch. Ich habe meist Flecken auf meinem Fell."

Zeki und sein Bruder spielen am Bach und lassen Rindenboote ins Wasser. Was kann noch alles schwimmen? Probiere aus und erzähle.

Tiere in der Natur

1. Wo wohnen die Tiere? Suche aus den links abgebildeten Bildkärtchen die passenden heraus und klebe sie in die leeren Felder.

der Bienenstock
der Campingwagen
der Ameisenhaufen
das Nest
der Stall
das Spinnennetz

2. Wo bist du zu Hause? Wo wohnst du im Urlaub? Erzähle.

---

die Ente
der Kuckuck
die Amsel
der Specht
das Rotkehlchen
das Nest
das Ei
brüten
der Baum
der Ast
der Zweig
die Baumhöhle

die Ameise
der Ameisenhaufen

die Spinne
das Spinnennetz
spinnen

die Biene
der Bienenstock
die Blüte
der Blütenstaub
der Nektar
der Honig
der Imker

die Wespe
das Wespennest
das Insekt

der Fuchs
der Fuchsbau
das Versteck

der Bauernhof
der Stall
die Wiese
die Weide

das Haus
das Zimmer
das Zelt
die Wohnung
das Ferienhaus
das Hotel
der Campingwagen
übernachten

3. Suche zu jeder Frage die passenden Bildkarten aus und lege sie vor dich hin.

- ◆ Immer zwei Tiere beginnen mit demselben Laut. Welche?
- ◆ Vier dieser Tiere haben vier Beine. Welche?
- ◆ Drei dieser Tiere leben im Wasser. Welche?

4. Marie und Zeki behaupten lustige Sachen. Was stimmt? Überlege und mache Häkchen.

- ○ Ein Hase kann grunzen.
- ○ Ein Schwan kann tauchen.
- ○ Eine Libelle kann quaken.
- ○ Ein Igel kann summen.
- ○ Eine Zecke kann beißen.
- ○ Ein Reh kann stechen.
- ○ Ein Eichhörnchen kann springen.

---

der Frosch
quaken
die Zunge
die Schwimmhäute
der Froschlaich
laichen
die Kaulquappe

der Schwan
tauchen
der See
der Bach
der Fluss
das Ufer
die Seerose

der Igel
der Stachel
stechen

der Hase
der Fuchs
das Reh
das Eichhörnchen
springen
der Wald

das Schwein
grunzen

die Kuh

die Zecke
beißen
jucken

die Mücke
summen

die Libelle

Tiere in der Natur

5. Wie heißen die Tiere und die Tierkinder?
Verbinde jede Mutter mit ihrem Jungen.

6. Welche Geräusche machen die Tiere auf den Bildern?
Kennst du noch andere Tiergeräusche? Mache sie nach.

die Kuh	das Huhn	das Schwein
das Kalb	das Küken	die Sau
muhen	gackern	das Ferkel
das Euter	das Ei	quieken
die Milch	der Hahn	grunzen
melken	krähen	der Eber
der Bulle		
der Stier	das Pferd	die Gans
der Ochse	die Stute	schnattern
der Kuhfladen	das Fohlen	
	wiehern	die Ziege
das Schaf	das Pony	meckern
das Lamm	der Hengst	der Bock
blöken	der Schweif	
die Wolle	der Pferdeapfel	das Männchen
		das Weibchen

7. Wer bin ich? Streiche in jeder Zeile das Tier durch, das nicht passt. Am Ende bleibt eines übrig – das bin ich!

Mein Fell ist einfarbig.

Meine Haare sind glatt.

Ich kann ganz laut grunzen.

Male mich in den Stall!

---

das Fell
das Haar
glatt
rau
struppig
einfarbig
bunt
die Farbe

der Leopard
gefleckt

das Schaf
weiß
die Locke
lockig
kraus
weich

der Esel
grau
reiten
störrisch

das Schwein
rosa
der Rüssel
der Ringelschwanz
die Borsten
borstig

der Stall
das Heu
das Stroh

Exotische Tiere

Ein Tag im Zoo

Marie und ihre Familie wollen einen Ausflug in den Zoo machen. Marie und Ole holen den kleinen Zooplan von ihrem letzten Zoobesuch und überlegen, welche Tiere sie unbedingt sehen möchten.

Marie nimmt einen Stift und macht ein kleines Kreuz bei den Giraffen: „Die haben so einen langen Hals. Das muss ich mir unbedingt aus der Nähe anschauen." „Ich will zu den Affen", meint Ole, „die essen so gerne Bananen wie ich." Also macht Marie auch ein Kreuzchen beim Affenhaus. Außerdem möchten sie die Pinguine sehen. Die sollen unheimlich schnell schwimmen können, hat Mama gesagt. Und ein Tier mit einem besonders großen Horn auf der Nase muss Marie unbedingt besuchen. Das Nashorn Berta ist nämlich Maries Lieblingstier. Und auch Ole hat einen grauen Freund im Zoo. Mit riesigen Ohren. Ob Paul, der Elefant, ihn wohl wiedererkennen wird? Beim letzten Mal hat er ihm mit seinem Rüssel zugewunken, da ist Ole sich ganz sicher!

Was mögen Ole und die Affen besonders gern?
Male es in den Rahmen.

Kennst du diese Tiere mit Namen?

Warst du schon einmal im Zoo? Welche Tiere hast du gesehen?
Welches hat dir am besten gefallen und warum? Erzähle.

Exotische Tiere

16

1. Suche zu jeder Frage die passenden Bildkarten aus und lege sie in das richtige Gehege.
- ◆ Welche Tiere beginnen mit „A"?
- ◆ Welches Tier hat den längsten Namen?
- ◆ Welche Tiere können schwimmen?

der Affe
der Feuersalamander
das Nilpferd
der Delfin
der Adler
das Krokodil

2. Welches der Tiere oben ist das größte und schwerste? Kennst du noch andere Riesen aus der Tierwelt? Erzähle.

---

der Affe
der Adler

der Feuersalamander
giftig

der Delfin
das Krokodil
das Nilpferd
das Meer
schwimmen
baden

groß
die Größe
riesig
der Riese
der Zwerg
schwer
leicht
wiegen
das Gewicht

der Wal
das Säugetier
das Walross
der Gorilla
der Dinosaurier
alt
der Pflanzenfresser
der Fleischfresser

3. Wie heißt eines und wie heißen viele davon?

ein   und viele

ein   und viele

ein   und viele

ein   und viele

eine   und viele

4. Beschreibe eines der Tiere oben möglichst genau.
Können die anderen erraten, welches Tier du meinst?

---

der Bär
die Bären
das Fell
dicht

das Kamel
die Kamele
der Rücken
der Höcker

der Panda
die Pandas
schwarz
weiß

das Nashorn
die Nashörner
die Nase
das Horn
die Haut
dick
der Dickhäuter
der Panzer
grau

die Giraffe
die Giraffen
der Hals
dünn
lang
das Muster
gelb
braun

ein, eines, viele
die Einzahl
die Mehrzahl

Exotische Tiere

5. Marie und Ole finden es spannend, was die Tiere im Zoo so alles machen. Welche Tiere beobachten sie?
Lege die passenden Bildkarten auf die Felder.

der Löwe
der Papagei
der Elefant
das Känguru
das Lama

☐ trompetet mit seinem Rüssel.

☐ brüllt in der Ferne.

☐ trägt sein Junges im Beutel.

☐ krächzt laut.

☐ spuckt in hohem Bogen.

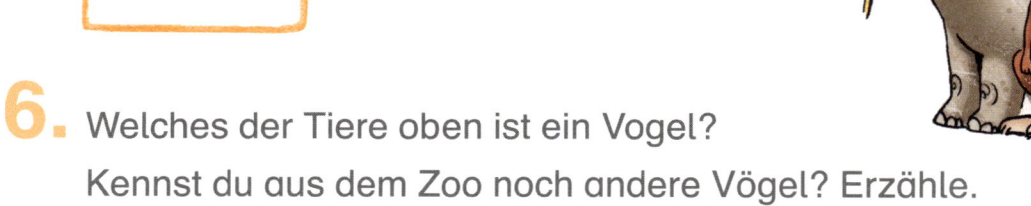

6. Welches der Tiere oben ist ein Vogel?
Kennst du aus dem Zoo noch andere Vögel? Erzähle.

---

der Elefant
der Rüssel
trompeten
der Stoßzahn

der Löwe
brüllen
die Mähne
das Raubtier

das Känguru
tragen
der Beutel
das Junge

der Papagei
sprechen
krächzen
nachplappern

das Lama
spucken

die Eule
der Uhu
der Storch
der Pfau
der Flamingo
der Pelikan
der Marabu
der Kranich
der Reiher
der Emu
der Geier
der Falke
der Habicht
der Raubvogel

7. Wo wohnen die Tiere? Verbinde.

8. Fallen dir weitere Tiere ein, die in diesen Gegenden leben? Erzähle.

die Wüste	das Eis	der Urwald
die Steppe	das Eismeer	der Dschungel
der Sand	der Nordpol	der Regen
die Sonne	der Südpol	der Regenwald
heiß	der Schnee	die Tropen
die Hitze	kalt	die Palme
der Tiger	die Kälte	der Farn
das Zebra	der Frost	die Schlange
der Wolf	der Pinguin	der Schimpanse
der Strauß	der Eisbär	der Orang-Utan
die Antilope	der Blauwal	
die Gazelle	die Robbe	das Wetter
das Dromedar	der Polarfuchs	das Klima

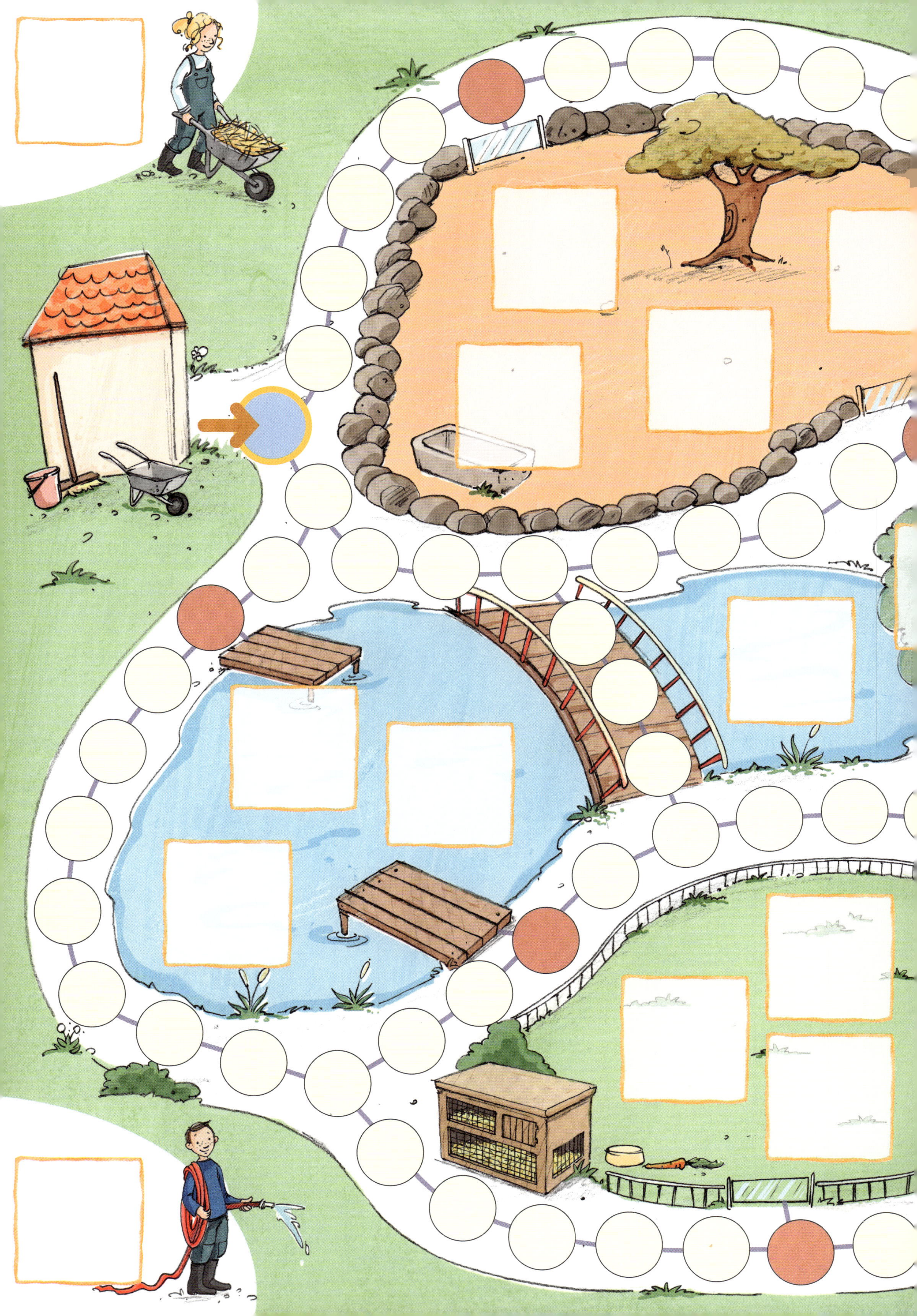

Zoospiel

Welcher Tierpfleger hat seine Tiere zuerst zur Kontrolluntersuchung gebracht?

Spiele mit den Bildkärtchen

Spielanleitung für das Zoospiel (S. 20/21)

1. Ihr braucht: für jeden Mitspieler 1 Spielfigur; 1 Würfel.
2. Auf jedes Feld auf dem Spielplan wird ein passendes Bildkärtchen gelegt. Entscheidet gemeinsam, welches Tier wo untergebracht werden soll.
3. Jeder Spieler sucht sich einen Tierpfleger (Spielfelddecke) aus und stellt seine Spielfigur am Tierpflegerhäuschen (links) auf das Spielfeld.
4. Der jüngste Spieler beginnt und würfelt. Er rückt die gewürfelte Anzahl Felder vor. Bleibt er auf einem farbigen Feld neben einer Gehegetür stehen, darf er ein Tier aus dem Gehege auswählen und – nachdem er das Tier richtig benannt hat – das Bildkärtchen neben seinem Tierpfleger ablegen.
Kommt er auf ein Feld, auf dem ein Mitspieler steht, darf er noch einmal würfeln und weitergehen. Dann ist der nächste Spieler an der Reihe.
5. Wer fünf Tiere eingesammelt hat, bringt sie zur Kontrolluntersuchung zum Tierarzt (rechts). Das Feld vor der Praxistür des Arztes muss mit genauer Augenzahl erwürfelt werden. Sieger ist, wer als Erster mit seinen fünf Tieren in der Arztpraxis angekommen ist.

Anregungen für weitere Spiele mit den Bildkärtchen

Tiere sortieren
Alle Bildkärtchen mit Tiermotiven werden offen ausgelegt und nach unterschiedlichen Kriterien geordnet: nach Größe, nach Fähigkeiten (schwimmen, laufen, fliegen …), nach Merkmalen (Fell, Federn, Beine, Schwanz, Flügel …), nach gleichem Laut am Wortanfang etc. Wer zuerst drei (oder mehr) passende Karten gefunden hat, gewinnt die Runde.

Tiere beschreiben
Die Bildkärtchen werden alle verdeckt auf einen Stapel gelegt. Der Spieler, der an der Reihe ist, zieht eine Karte und beschreibt das abgebildete Tier möglichst genau (Wie sieht es aus? Was frisst es? Wo lebt es? …). Die anderen müssen das Tier erraten.

Bildpaare finden
Die angegebenen Bildkärtchen werden gemischt und verdeckt nebeneinander abgelegt. Der erste Spieler dreht zwei Karten um.
Haben die Tiere dieselbe Farbe, darf er das Kartenpaar behalten und ist noch einmal dran. Sind die beiden Karten kein Pärchen, werden sie wieder umgedreht und der nächste Spieler ist an der Reihe.

der Elefant — das Nashorn
der Flamingo — das Schwein
der Frosch — das Krokodil
der Eisbär — das Schaf
der Hamster — das Eichhörnchen
die Kuh — das Kaninchen

der Hund	der Goldfisch	der Wellensittich	der Käfer	der Schmetterling	die Schnecke
das Kaninchen	die Katze	das Meerschweinchen	die Maus	der Hamster	die Schildkröte
das Nest	der Ameisenhaufen	das Spinnennetz	der Bienenstock	der Campingwagen	der Stall
der Frosch	der Fuchs	das Schwein	der Schwan	die Kuh	die Kaulquappe
das Pferd	das Schaf	die Ente	der Specht	der Igel	das Eichhörnchen
das Huhn	der Affe	der Feuersalamander	das Nilpferd	der Delfin	der Adler
das Krokodil	der Löwe	der Elefant	das Känguru	der Papagei	das Lama
das Nashorn	die Giraffe	der Pinguin	der Tiger	das Zebra	der Strauß
der Flamingo	der Eisbär	das Fell	der Schnabel	die Flosse	der Panzer

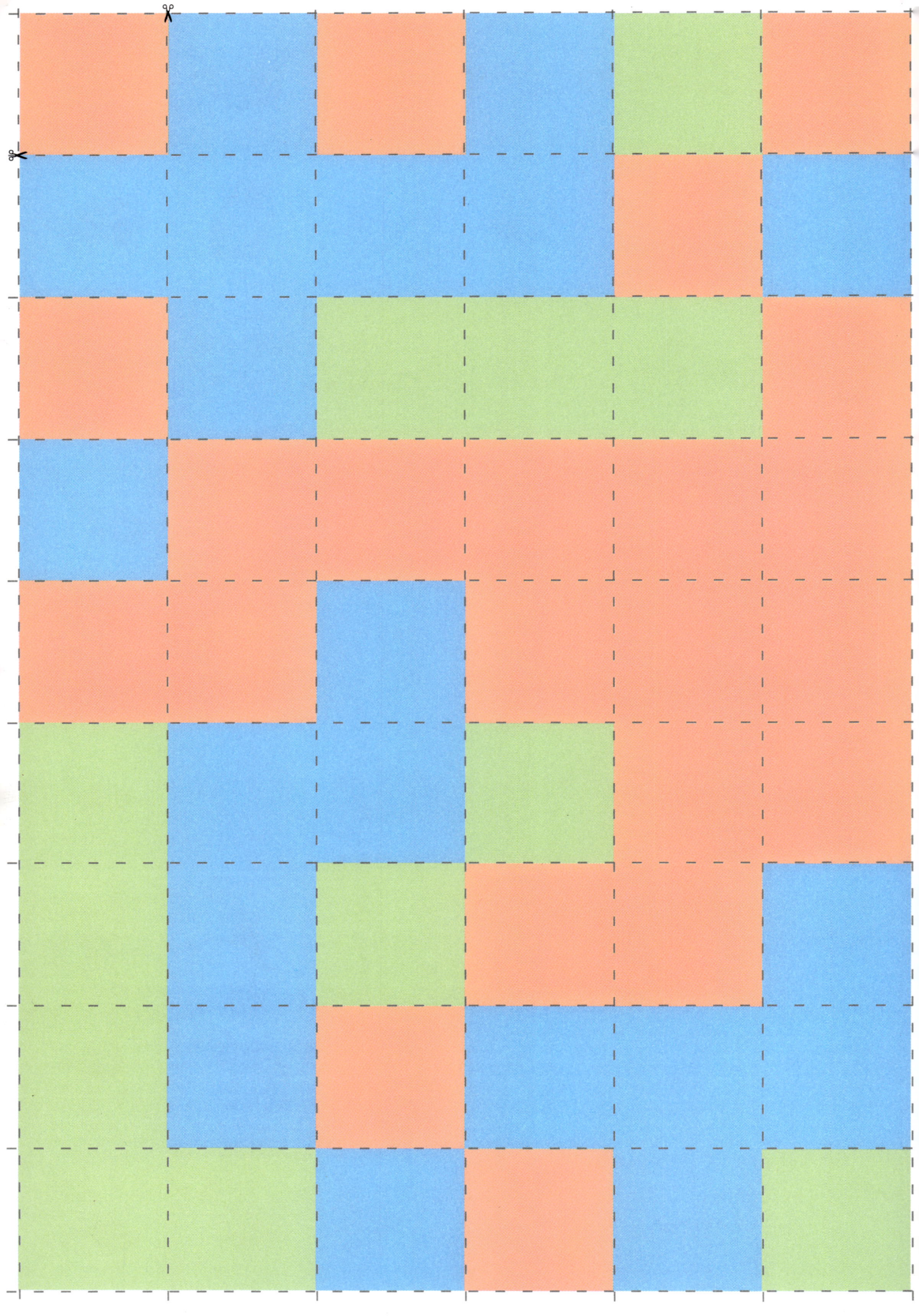